Técnicas para uma delegação eficaz

¿Como delegar para o crescimento e desempenho de seus colaboradores?

Informação Legal

Título do livro: **Como a Delegação Desenvolve as Habilidades dos Funcionários**

Direitos Autorais: **Todos os direitos reservados. A reprodução deste livro em formato e-Book ou impresso é terminantemente proibida sem o consentimento expresso por escrito do autor, incluindo total ou parcial, de qualquer forma ou maneira.**

Autor: **Dionisio Melo**

Editora: **Publicação Independente**

ISBN: **9798334590748**

Ano: **2024**

Técnicas para uma delegação eficaz

Índice

Introdução - 5

Capítulo 1
Delegue toda a tarefa a uma pessoa - 7

Capítulo 2
Selecione a pessoa adequada para delegar - 12

Capítulo 3
Especifique claramente seus resultados preferidos - 16

Capítulo 4
Responsabilidade delegada e autoridade - atribua a tarefa, não o método para alcançála - 21

Capítulo 5
Peça à pessoa que resuma e descreva a tarefa e os resultados esperados - 25

Capítulo 6

Técnicas para uma delegação eficaz

Obtenha informações não intrusivas sobre o andamento do projeto - 29

Capítulo 7
Mantenha abertas as linhas de comunicação - 34

Capítulo 8
Se você não estiver satisfeito com o progresso, não faça a tarefa por si mesmo - 38

Capítulo 9
Avalie e recompense o desempenho da pessoa - 42

Epílogo - 46
Sobre o Autor - 50

Técnicas para uma delegação eficaz

Introdução

No curso "Liderança Eficaz" de 16 horas que ministro para muitas empresas que desejam formar líderes entre seus gerentes, a delegação de tarefas é uma habilidade crítica para gerentes de qualquer nível. Delegar implica trabalhar com um colaborador para estabelecer metas, concedendo-lhe autoridade e responsabilidade suficientes para alcançá-las, muitas vezes oferecendo 1) liberdade substancial na decisão de como os objetivos serão alcançados, 2) recursos para ajudá-lo a atingir as metas, 3) avaliação da qualidade do seu esforço e alcance dos objetivos, 4) abordar problemas de desempenho e/ou recompensar seu desempenho. Em última análise, o gerente é responsável pelo alcance dos objetivos, mas opta por alcançá-los ao delegar a tarefa a outra pessoa.

Delegar é diferente de dirigir o trabalho. Quando o trabalho é dirigido, o gerente diz a alguém o que fazer e como fazer. Geralmente há muito menos liberdade em relação a como o colaborador realiza a

Técnicas para uma delegação eficaz

tarefa, e muitas vezes há menos participação e aprendizado por parte dos colaboradores.

Delegar pode ser um grande desafio para novos gerentes, que se preocupam em ceder o controle ou lutam para confiar nas habilidades dos outros. Gerentes que conseguem delegar com eficácia podem liberar uma grande quantidade de seu próprio tempo, ajudar seus subordinados diretos a desenvolver experiência e aprendizado, e também podem aprimorar suas próprias habilidades de liderança, habilidades essenciais para a resolução de problemas, alcance de metas e aprendizado.

Como delegar para o crescimento e desempenho de seus colaboradores? Sugiro os seguintes passos gerais para realizar a delegação.

Capítulo 1
Delegue toda a tarefa a uma pessoa

Delegue toda a tarefa a uma pessoa. Ao fazer isso, você não está apenas entregando uma responsabilidade integral, mas também promovendo um ambiente de trabalho que valoriza a autonomia e a confiança nas habilidades da equipe. Esse tipo de delegação tem múltiplos benefícios tanto para o indivíduo quanto para a organização como um todo.

Primeiramente, ao designar uma tarefa completa para uma pessoa, você envia uma mensagem clara de confiança em suas capacidades e julgamento. Esse ato de confiança pode ser extremamente motivador. A pessoa sente que tem o apoio e a fé de seus superiores, o que pode aumentar significativamente seu comprometimento e dedicação ao trabalho. Essa confiança também permite que o indivíduo desenvolva uma maior autoconfiança e uma forte sensação de responsabilidade. Saber que o sucesso de uma tarefa depende inteiramente de seus esforços pode impulsionar a pessoa a se

Técnicas para uma delegação eficaz

empenhar mais e a ser mais proativa na resolução de problemas.

Além disso, ao dar a responsabilidade total de uma tarefa a uma pessoa, você oferece uma oportunidade para que ela desenvolva e demonstre uma variedade de habilidades. Desde o planejamento e organização até a execução e acompanhamento, a pessoa tem a chance de gerenciar todas as facetas da tarefa. Isso não só ajuda no seu desenvolvimento profissional, mas também permite identificar claramente suas fortalezas e áreas de melhoria. A experiência adquirida ao gerenciar uma tarefa do início ao fim é inestimável e pode preparar a pessoa para funções de maior responsabilidade no futuro.

Para o gerente, essa abordagem também tem vantagens significativas. Ao trabalhar com alguém que tem uma compreensão completa da tarefa, o gerente pode se concentrar em fornecer orientação estratégica e apoio, em vez de se envolver nos detalhes do dia a dia. Isso permite uma gestão do tempo mais eficiente e uma melhor utilização dos recursos. Além disso, o gerente pode avaliar

Técnicas para uma delegação eficaz

os resultados de maneira mais clara e objetiva, comparando-os com o que ele ou ela teria esperado se tivesse realizado a tarefa pessoalmente. Essa clareza facilita uma retroalimentação construtiva e precisa, e pode ajudar a estabelecer padrões de desempenho mais altos e mais claros para a equipe.

Além disso, delegar toda a tarefa a uma pessoa pode levar a uma maior eficiência e coerência no trabalho. Quando uma única pessoa é responsável por todas as etapas de uma tarefa, há menos risco de mal-entendidos e erros de comunicação que podem ocorrer quando várias pessoas estão envolvidas. A pessoa pode garantir que todas as partes da tarefa estejam alinhadas e se integrem perfeitamente, o que pode resultar em um produto final de maior qualidade.

Esse enfoque também pode aliviar a carga do gerente, permitindo-lhe concentrar-se em outras tarefas estratégicas e na supervisão geral da equipe. Ao delegar tarefas completas, o gerente pode gerenciar seu tempo de maneira mais eficaz e focar no

Técnicas para uma delegação eficaz

desenvolvimento e na implementação de estratégias de longo prazo, em vez de na gestão detalhada do trabalho diário.

Finalmente, delegar toda uma tarefa a uma única pessoa também pode promover um senso de pertencimento e coesão dentro da equipe. Quando os membros da equipe sentem que têm responsabilidades importantes e são convidados a contribuir significativamente, tendem a estar mais engajados e satisfeitos com seu trabalho. Isso pode melhorar o moral da equipe e criar um ambiente de trabalho mais positivo e colaborativo.

Delegar toda a tarefa a uma pessoa não só otimiza a gestão do tempo e dos recursos, mas também promove o desenvolvimento profissional, a eficiência e a coesão da equipe. Ao confiar plenamente nas habilidades de um indivíduo e dar-lhe a oportunidade de gerenciar uma tarefa completa, você está promovendo um ambiente de trabalho que valoriza a autonomia, a confiança e o crescimento.

Capítulo 2
Selecione a pessoa certa para delegar

Selecione a pessoa certa para delegar. Este passo é crucial para o sucesso de qualquer tarefa delegada, pois atribuir a responsabilidade à pessoa correta pode fazer a diferença entre o sucesso e o fracasso do projeto. Ao avaliar as habilidades e capacidades da pessoa, é importante considerar não apenas sua experiência e conhecimentos técnicos, mas também suas competências interpessoais, como a capacidade de comunicação, a responsabilidade e a habilidade de trabalhar de forma autônoma.

É essencial realizar uma avaliação completa das habilidades técnicas do colaborador. Isso implica verificar se a pessoa possui os conhecimentos necessários e a experiência prévia relevante para realizar a tarefa. Por exemplo, se a tarefa exige habilidades específicas em software, é fundamental garantir que a pessoa tenha a competência necessária nessa área. Além disso, a

Técnicas para uma delegação eficaz

experiência prévia em tarefas semelhantes pode ser um indicador confiável de que a pessoa pode gerenciar a nova responsabilidade de maneira eficaz.

No entanto, as habilidades técnicas não são o único fator a considerar. As competências interpessoais, como a capacidade de resolver problemas, a adaptabilidade e a capacidade de trabalhar sob pressão, são igualmente importantes. Uma pessoa que tem habilidades técnicas, mas falta a capacidade de lidar com o estresse ou se adaptar a mudanças inesperadas, pode ter dificuldades para concluir a tarefa com sucesso. Portanto, é importante avaliar essas habilidades por meio de entrevistas, revisões de desempenho anteriores e feedback de outros membros da equipe.

Se durante esta avaliação for determinado que a pessoa não possui todas as habilidades necessárias, deve-se considerar a possibilidade de fornecer treinamento adicional. O treinamento pode ser na forma de cursos formais, workshops ou até mesmo orientação no trabalho. Investir no desenvolvimento das habilidades do

Técnicas para uma delegação eficaz

colaborador não só beneficiará a tarefa atual, mas também melhorará as capacidades gerais da equipe a longo prazo.

Em alguns casos, pode surgir a necessidade de reconsiderar a delegação da tarefa. Se a pessoa inicialmente selecionada não possui as competências necessárias e não há tempo ou recursos para o treinamento, pode ser mais eficiente delegar a tarefa a outro membro da equipe que já possua as habilidades requeridas. Essa decisão deve ser baseada em uma avaliação justa e objetiva das capacidades de cada membro da equipe, garantindo que a pessoa selecionada não apenas possa cumprir os requisitos da tarefa, mas também tenha o interesse e a motivação para fazê-lo.

Também é importante considerar a carga de trabalho atual do colaborador. Delegar uma tarefa a uma pessoa que já está sobrecarregada pode não ser a melhor opção, pois pode afetar a qualidade do trabalho e aumentar o estresse. É essencial equilibrar as responsabilidades e garantir que a pessoa tenha o tempo e os recursos necessários para se concentrar na nova

Técnicas para uma delegação eficaz

tarefa sem comprometer suas outras obrigações.

A delegação eficaz também envolve uma comunicação clara e contínua. Uma vez selecionada a pessoa adequada, é fundamental estabelecer expectativas claras, fornecer instruções detalhadas e manter uma linha aberta de comunicação. Isso garantirá que a pessoa compreenda completamente a tarefa e possa solicitar orientação ou apoio, se necessário.

Selecionar a pessoa certa para delegar envolve uma avaliação cuidadosa e completa das habilidades técnicas e competências interpessoais, a consideração da necessidade de treinamento adicional e a avaliação da carga de trabalho atual. Ao tomar essas medidas, pode-se garantir que a tarefa seja delegada a uma pessoa capaz e motivada, aumentando assim as chances de sucesso do projeto e promovendo um ambiente de trabalho positivo e produtivo.

Capítulo 3
Especifique claramente seus resultados preferidos

Especifique claramente seus resultados preferidos. Este passo é crucial para o sucesso de qualquer tarefa delegada, pois fornece um guia preciso e detalhado sobre o que se espera alcançar. A clareza nos resultados esperados não só facilita a compreensão do objetivo final, mas também ajuda a manter todos na mesma página, minimizando mal-entendidos e aumentando a probabilidade de sucesso.

Descreva claramente os objetivos específicos que se espera alcançar. Por exemplo, se a tarefa é aumentar as vendas, indique claramente a porcentagem de aumento esperada e o período de tempo em que esse aumento deve ser alcançado. Detalhar as expectativas de forma concreta e mensurável ajuda a pessoa a compreender exatamente o que se espera e como seu desempenho será avaliado. Isso pode incluir metas quantitativas, como números de vendas ou prazos de entrega, assim como objetivos qualitativos, como melhorar a

Técnicas para uma delegação eficaz

satisfação do cliente ou a qualidade do serviço.

Explique por que esses resultados são desejados. Ajudar a pessoa a entender a importância e o impacto dos resultados esperados pode aumentar sua motivação e compromisso com a tarefa. Por exemplo, se o aumento das vendas faz parte de uma estratégia mais ampla para expandir o mercado e assegurar a sustentabilidade a longo prazo da empresa, compartilhar essa informação pode fornecer um contexto valioso. Entender o "porquê" por trás dos objetivos pode ajudar a pessoa a ver como seu trabalho contribui para o sucesso geral da organização e aumentar seu senso de propósito e pertencimento.

Estabeleça claramente quando os resultados devem ser alcançados. Fornecer um cronograma detalhado e realista é essencial para garantir que a tarefa seja concluída a tempo. Isso inclui prazos específicos para cada fase do projeto, assim como a data de entrega final. Um cronograma bem definido ajuda a pessoa a planejar e priorizar seu trabalho de maneira eficaz, garantindo que

Técnicas para uma delegação eficaz

todas as etapas do projeto sejam concluídas conforme o previsto. Além disso, estabelecer marcos intermediários pode fornecer oportunidades para avaliar o progresso e fazer ajustes, se necessário.

Identifique quem mais poderia ajudar a pessoa. É possível que a tarefa exija a colaboração de outros membros da equipe ou de diferentes departamentos. Indique claramente quem são essas pessoas e como podem contribuir para o sucesso da tarefa. Fornecer essa informação ajuda a facilitar a coordenação e a comunicação, garantindo que todos os envolvidos compreendam seus papéis e responsabilidades. Além disso, fomentar uma cultura de colaboração pode melhorar a eficiência e a eficácia da equipe como um todo.

Especifique os recursos disponíveis para a pessoa. Certifique-se de que a pessoa saiba quais recursos ela tem à disposição para completar a tarefa. Isso pode incluir acesso a ferramentas e tecnologias específicas, orçamentos designados, materiais necessários e qualquer outra forma de apoio que possa ser necessária. Fornecer uma lista

Técnicas para uma delegação eficaz

detalhada de recursos e como acessá-los pode eliminar barreiras e facilitar um progresso mais suave na tarefa. Além disso, é importante estar disponível para responder a perguntas e fornecer orientação adicional, se necessário.

Permita que a pessoa decida como executar a tarefa. Embora seja crucial especificar claramente os resultados esperados, também é benéfico dar à pessoa a autonomia para decidir como alcançar esses resultados. Essa liberdade pode fomentar a criatividade e a inovação, permitindo que o colaborador utilize suas próprias habilidades e conhecimentos para encontrar a melhor maneira de completar a tarefa. No entanto, certifique-se de estar disponível para oferecer orientação e apoio, se necessário, e mantenha uma comunicação aberta para resolver quaisquer dúvidas ou problemas que possam surgir.

Finalmente, muitas vezes é melhor escrever essas informações. Documentar todos os detalhes relacionados aos resultados esperados, prazos, recursos disponíveis e colaboradores envolvidos fornece uma

Técnicas para uma delegação eficaz

referência clara e acessível para a pessoa encarregada da tarefa. Isso não só ajuda a evitar mal-entendidos, como também proporciona um registro formal que pode ser consultado a qualquer momento. Além disso, a documentação escrita facilita a comunicação e a transparência, garantindo que todos os envolvidos compreendam completamente seus papéis e responsabilidades.

Especificar claramente seus resultados preferidos envolve fornecer uma descrição detalhada dos objetivos, explicar a importância dos resultados, estabelecer um cronograma claro, identificar colaboradores potenciais, detalhar os recursos disponíveis e permitir a autonomia na execução da tarefa. Documentar essas informações é fundamental para garantir a clareza e o sucesso na delegação de tarefas.

Capítulo 4
Responsabilidade delegada e autoridade - atribua a tarefa, não o método para realizá-la.

Responsabilidade delegada e autoridade - atribua a tarefa, não o método para realizá-la. Este princípio é essencial para fomentar a autonomia e a criatividade dentro da equipe. Ao permitir que a pessoa complete a tarefa da maneira que ela escolher, você dá a oportunidade de utilizar seu próprio julgamento e habilidades para alcançar os resultados desejados. Essa autonomia não só melhora a motivação e o compromisso, mas também pode levar a soluções inovadoras e eficazes que talvez não fossem consideradas de outra forma.

Deixe que a pessoa tenha uma forte participação na data de conclusão do projeto. Envolver o colaborador no planejamento do cronograma não só garante que o prazo seja realista e alcançável, mas também fomenta um senso de propriedade e responsabilidade sobre a tarefa. Ao colaborar na definição dos prazos, a pessoa

Técnicas para uma delegação eficaz

se sentirá mais comprometida em cumprir as datas estabelecidas e mais motivada a gerenciar seu tempo de maneira eficiente. Além disso, essa prática pode ajudar a identificar possíveis obstáculos e ajustes necessários em uma fase inicial, permitindo um planejamento mais eficaz.

É importante reconhecer que, em alguns casos, você pode nem saber como realizar a tarefa por conta própria, especialmente em níveis mais altos de gestão. Isso não deve ser visto como uma fraqueza, mas como uma oportunidade de confiar na experiência e nas habilidades de sua equipe. Os membros da equipe frequentemente têm conhecimentos especializados e perspectivas únicas que podem ser cruciais para o sucesso da tarefa. Ao delegar a responsabilidade e a autoridade, você aproveita essa experiência e fomenta um ambiente de trabalho colaborativo e respeitoso.

Certifique-se de comunicar a outros na organização que essa pessoa tem a responsabilidade e a autoridade para completar a tarefa. A clareza na

Técnicas para uma delegação eficaz

comunicação é fundamental para evitar conflitos e mal-entendidos. Informar colegas e outros departamentos sobre quem está encarregado e qual autoridade possui garante que todos estejam cientes e respeitem as decisões e ações do colaborador. Isso também pode facilitar o acesso aos recursos necessários e o apoio de outros membros da equipe, criando um ambiente mais coeso e colaborativo.

Ao atribuir a tarefa e não o método para realizá-la, você fomenta um ambiente de confiança e empoderamento. Os colaboradores se sentem valorizados e respeitados quando têm a liberdade de utilizar suas próprias estratégias e abordagens. Isso não só melhora o moral da equipe, mas também pode resultar em maior eficiência e eficácia na realização das tarefas. As pessoas são mais propensas a se comprometer e dar o melhor de si quando sentem que têm controle sobre como realizam seu trabalho.

Técnicas para uma delegação eficaz

Essa abordagem também pode ser benéfica para o desenvolvimento profissional dos membros da equipe. Ao enfrentar a responsabilidade de tomar decisões e encontrar soluções por conta própria, os colaboradores podem desenvolver habilidades de liderança, resolução de problemas e pensamento crítico. Essas experiências podem prepará-los para assumir papéis de maior responsabilidade no futuro e contribuir para o crescimento e sucesso a longo prazo da organização.

Delegar a responsabilidade e a autoridade implica permitir que a pessoa complete a tarefa da maneira que escolher, envolvendo-a no planejamento dos prazos e comunicando claramente seu papel e autoridade a outros na organização. Essa abordagem fomenta a autonomia, a criatividade e o compromisso, enquanto também pode resultar em soluções inovadoras e em um desenvolvimento profissional significativo para os membros da equipe.

Capítulo 5
Peça à pessoa que resuma e descreva a tarefa e os resultados esperados por você

Peça à pessoa que resuma e descreva a tarefa e os resultados esperados por você. Este passo é fundamental para garantir que ambos, tanto o delegado quanto o delegador, têm uma compreensão clara e compartilhada do que se espera. Ao solicitar um resumo, você está proporcionando uma oportunidade para esclarecer qualquer mal-entendido e confirmar que a comunicação foi eficaz. No entanto, é crucial abordar este passo com sensibilidade para evitar que a pessoa se sinta questionada ou desconfiada.

Explique ao delegado que está solicitando o resumo para assegurar que você descreveu com eficácia as tarefas e os resultados à pessoa, não necessariamente para garantir que a pessoa escute. Fazer esta clarificação desde o início ajuda a estabelecer um tom de colaboração e respeito mútuo. Enfatize que o objetivo do resumo é duplo: primeiro, confirmar que você comunicou claramente

Técnicas para uma delegação eficaz

os objetivos e, segundo, identificar qualquer área que possa necessitar de mais esclarecimentos ou detalhes adicionais. Esta explicação pode aliviar qualquer sensação de desconfiança e fomentar uma atmosfera de trabalho aberta e positiva.

A prática de pedir um resumo não só valida que a informação foi entendida corretamente, mas também reforça a responsabilidade e o compromisso do delegado. Ao verbalizar o que se espera, a pessoa está reafirmando sua compreensão e compromisso com a tarefa. Esta ação também pode ajudar a identificar qualquer aspecto da tarefa que possa ter sido mal interpretado ou que precise de mais detalhe, permitindo abordar esses pontos antes de começarem a trabalhar na tarefa.

Além disso, ao solicitar um resumo, você está promovendo uma comunicação bidirecional. Isto permite ao delegado expressar seus pensamentos, fazer perguntas e compartilhar qualquer preocupação que possa ter sobre a tarefa. Esta interação pode proporcionar informações valiosas e perspectivas que talvez não tenham sido

Técnicas para uma delegação eficaz

consideradas inicialmente. Também cria uma oportunidade para ajustar expectativas e garantir que todos os recursos necessários estão disponíveis e qualquer barreira potencial foi identificada e abordada.

O processo de resumir também tem benefícios psicológicos. Quando uma pessoa repete e descreve o que se espera dela, está reforçando mentalmente os objetivos e detalhes da tarefa. Este ato de repetição pode ajudar a consolidar a informação na sua memória, tornando mais provável que se lembrem e cumpram com os requisitos especificados.

Além disso, ao adotar esta abordagem, você está demonstrando uma liderança reflexiva e considerada. Está mostrando que valoriza a clareza e a precisão na comunicação e que está disposto a investir tempo para assegurar que todos estão alinhados e compreendem seus papéis e responsabilidades. Isso pode melhorar a moral da equipe e fomentar uma cultura de transparência e colaboração.

Técnicas para uma delegação eficaz

Pedir à pessoa que resuma e descreva a tarefa e os resultados esperados é uma prática essencial para assegurar uma comunicação eficaz e uma compreensão compartilhada. Explicar o propósito desta solicitação de maneira que não seja percebida como uma falta de confiança é chave para manter uma relação de trabalho positiva. Esta prática não só valida a clareza da comunicação, mas também reforça o compromisso, promove a responsabilidade e fomenta uma cultura de transparência e colaboração.

Técnicas para uma delegação eficaz

Capítulo 6
Obtenha informações não intrusivas em curso sobre o andamento do projeto

Obtenha informações não intrusivas em curso sobre o andamento do projeto. Manter-se informado sobre o progresso de um projeto sem ser intrusivo é essencial para o sucesso da delegação. Essa abordagem permite que o gerente esteja a par do desenvolvimento do projeto e ofereça suporte quando necessário, sem microgerenciar o delegado. A chave é encontrar um equilíbrio entre estar informado e respeitar a autonomia do colaborador.

Uma maneira eficaz de obter essas informações é continuar recebendo relatórios semanais escritos de estado da pessoa. Esses relatórios devem ser breves, mas completos, proporcionando uma visão geral clara do progresso. Um relatório típico deve incluir três seções: o que foi feito na semana passada, o que está planejado para a próxima semana e qualquer problema

Técnicas para uma delegação eficaz

potencial que possa surgir. Esse formato permite um acompanhamento constante do progresso, identifica áreas que podem necessitar de atenção e planeja as próximas etapas do projeto.

Os relatórios semanais servem como uma ferramenta de comunicação eficiente e estruturada. Permitem que o delegado reflita sobre seu trabalho, avalie seu progresso e planeje suas atividades futuras. Ao mesmo tempo, proporcionam ao gerente uma visão geral do estado do projeto sem a necessidade de intervenções constantes. Esse método ajuda a manter a motivação e o foco do delegado, pois dá a ele um senso de responsabilidade e controle sobre seu trabalho.

Reuniões periódicas com a pessoa para fornecer feedback são fundamentais na delegação. Essas reuniões não devem ser vistas como uma avaliação ou inspeção, mas sim como uma oportunidade para oferecer suporte, resolver problemas e fornecer orientação. O feedback construtivo pode ajudar a manter o delegado no caminho certo e motivado. Essas reuniões

Técnicas para uma delegação eficaz

devem ser agendadas com antecedência e fazer parte de uma rotina regular, o que proporciona uma estrutura e expectativas claras tanto para o gerente quanto para o delegado.

Durante essas reuniões, é importante criar um ambiente aberto e de confiança. O delegado deve sentir-se à vontade para discutir seus progressos, desafios e qualquer preocupação que possa ter. Ouvir ativamente e fazer perguntas abertas pode ajudar a fomentar uma comunicação honesta e eficaz. Além disso, essas reuniões podem ser uma oportunidade para reconhecer e celebrar os êxitos, o que pode aumentar a moral e a motivação.

Além dos relatórios escritos e das reuniões periódicas, pode ser útil utilizar ferramentas de gestão de projetos. Essas ferramentas permitem um acompanhamento em tempo real do progresso, facilitam a colaboração e proporcionam uma plataforma centralizada para a comunicação e o compartilhamento de informações. Exemplos dessas ferramentas incluem softwares como Trello, Asana ou Microsoft Teams. Essas

Técnicas para uma delegação eficaz

plataformas podem oferecer um acesso fácil e constante às informações do projeto sem serem intrusivas.

Também é importante ser flexível e adaptável em sua abordagem. Cada projeto e cada pessoa são diferentes, por isso é crucial ajustar seu método de acompanhamento conforme as necessidades específicas do projeto e as preferências do delegado. Alguns colaboradores podem preferir reuniões mais frequentes, enquanto outros podem sentir-se mais confortáveis com uma abordagem mais autônoma. Adaptar sua abordagem para atender a essas necessidades pode melhorar a efetividade e a satisfação no trabalho.

Obter informações não intrusivas em curso sobre o andamento do projeto é crucial para o sucesso da delegação. Isso pode ser alcançado através de relatórios semanais escritos, reuniões periódicas para fornecer feedback e o uso de ferramentas de gestão de projetos. Manter um equilíbrio entre estar informado e respeitar a autonomia do delegado, criar um ambiente de confiança e ser flexível em sua abordagem são fatores

Técnicas para uma delegação eficaz

chave para garantir que o projeto seja concluído com sucesso e de maneira eficiente.

Capítulo 7
Mantenha as linhas de comunicação abertas

Mantenha as linhas de comunicação abertas. Este princípio é fundamental para o sucesso de qualquer tarefa delegada. A chave é encontrar um equilíbrio entre estar disponível para oferecer suporte e evitar a microgestão. Manter as linhas de comunicação abertas assegura que a pessoa se sinta apoiada e tenha acesso à orientação necessária sem se sentir sufocada ou controlada.

Não fique pairando sobre a pessoa para controlar seu desempenho. É importante evitar a tentação de supervisionar constantemente cada detalhe do trabalho do delegado. Essa abordagem pode gerar uma sensação de desconfiança e diminuir a moral, pois o colaborador pode sentir que sua autonomia e capacidade estão sendo questionadas. Em vez disso, confie na competência da pessoa e permita que ela tome as decisões necessárias para completar a tarefa de maneira eficaz.

Técnicas para uma delegação eficaz

No entanto, é crucial estar ciente do que ele ou ela está fazendo. Embora você não deva controlar cada aspecto do trabalho, deve manter-se informado sobre o progresso e quaisquer possíveis problemas. Isso pode ser alcançado por meio de métodos não intrusivos, como relatórios de progresso periódicos, reuniões agendadas e o uso de ferramentas de gestão de projetos. Manter-se informado sem ser intrusivo ajuda a identificar qualquer obstáculo cedo e fornece a oportunidade de oferecer suporte quando necessário.

Apoie a pessoa registrando-se com você enquanto a tarefa está sendo realizada. Fomente um ambiente em que o delegado se sinta confortável buscando ajuda e orientação quando necessário. Deixe claro que você está disponível para responder perguntas, oferecer orientação e fornecer recursos adicionais. Isso cria um ambiente de trabalho colaborativo e de apoio, onde a pessoa sabe que pode contar com seu respaldo a qualquer momento.

Para manter as linhas de comunicação abertas, é útil estabelecer canais de

Técnicas para uma delegação eficaz

comunicação claros e acessíveis. Isso pode incluir reuniões periódicas, e-mails, mensagens instantâneas e plataformas de colaboração online. Certifique-se de que esses canais estejam sempre disponíveis e que a pessoa saiba como e quando pode contatá-lo. A acessibilidade e a disponibilidade são cruciais para construir uma relação de trabalho eficaz e de confiança.

Além disso, é importante fomentar uma comunicação bidirecional. Você não deve estar disponível apenas para fornecer suporte, mas também estar disposto a receber feedback do delegado. Ouvir suas preocupações, sugestões e observações pode oferecer perspectivas valiosas sobre como melhorar o processo de trabalho e o ambiente de colaboração. Essa comunicação aberta e honesta pode fortalecer a relação de trabalho e melhorar a eficácia geral da equipe.

A transparência na comunicação também é essencial. Seja claro e específico em suas expectativas e certifique-se de que o delegado entenda completamente os objetivos e prazos. A clareza na

Técnicas para uma delegação eficaz

comunicação reduz a possibilidade de mal-entendidos e assegura que todos estejam alinhados em direção ao mesmo objetivo. Além disso, oferecer feedback construtivo regularmente pode ajudar o delegado a melhorar seu desempenho e a se sentir valorizado e motivado.

Manter as linhas de comunicação abertas implica estar disponível para oferecer suporte sem microgestionar, estar informado sobre o progresso do projeto e fomentar um ambiente em que o delegado se sinta confortável buscando ajuda. Estabelecer canais de comunicação claros, fomentar a comunicação bidirecional e ser transparente e específico em suas expectativas são fatores chave para garantir uma delegação eficaz e bem-sucedida.

Capítulo 8
Se você não está satisfeito com o progresso, não faça a tarefa você mesmo!

Se você não está satisfeito com o progresso, não faça a tarefa você mesmo. Este princípio é crucial para a delegação efetiva e para o desenvolvimento da autonomia e das habilidades do delegado. Quando enfrenta insatisfação com o progresso de uma tarefa delegada, a solução não é assumir a tarefa você mesmo, mas sim identificar e abordar a raiz do problema. Assumir a tarefa pode minar a confiança e a moral do colaborador, perpetuando uma dependência desnecessária da liderança.

Continue trabalhando com a pessoa para assegurar que ela perceba que a tarefa é sua responsabilidade. É essencial manter o senso de responsabilidade e propriedade do delegado sobre a tarefa. Isso se alcança por meio de uma comunicação aberta e honesta, oferecendo feedback construtivo e proporcionando o suporte necessário para superar os obstáculos. Dessa forma, reforça-

Técnicas para uma delegação eficaz

se a confiança do delegado em sua capacidade de lidar com a tarefa e fomenta-se um ambiente de aprendizado e crescimento contínuo.

Busque a causa de sua insatisfação. Antes de tomar qualquer ação, é importante entender por que você não está satisfeito com o progresso. Isso implica analisar vários fatores que podem estar contribuindo para o problema. A falta de comunicação efetiva pode ser uma causa comum de insatisfação. Certifique-se de que as expectativas, prazos e objetivos sejam claros e compreendidos por ambas as partes. Se a comunicação for deficiente, trabalhe para melhorá-la por meio de reuniões regulares, relatórios de progresso e feedback constante.

A falta de formação pode ser outro fator crítico. Avalie se o delegado possui as habilidades e conhecimentos necessários para completar a tarefa. Se identificar lacunas em sua formação, forneça os recursos e oportunidades de treinamento necessários para que ele possa desenvolver as competências requeridas. Isso não só

Técnicas para uma delegação eficaz

melhora o desempenho na tarefa atual, mas também contribui para o desenvolvimento profissional a longo prazo do colaborador.

Os recursos inadequados podem ser um obstáculo significativo. Certifique-se de que o delegado tenha acesso às ferramentas, materiais e apoio necessários para realizar a tarefa de maneira eficaz. Isso inclui tanto recursos tangíveis, como tecnologia e materiais, quanto intangíveis, como tempo e orientação adequada. Se os recursos forem insuficientes, trabalhe para fornecer o necessário ou ajuste as expectativas e prazos de acordo com as limitações existentes.

O compromisso da pessoa também pode influenciar no progresso da tarefa. Se perceber uma falta de compromisso, explore as possíveis razões por trás disso. Pode ser útil ter uma conversa aberta e sincera com o delegado para entender suas motivações, desafios e quaisquer preocupações que possa ter. Fomentar um ambiente de trabalho positivo, onde o delegado se sinta valorizado e motivado, pode aumentar seu compromisso e dedicação à tarefa.

Técnicas para uma delegação eficaz

Se, depois de abordar esses fatores, o progresso continuar insatisfatório, considere outras abordagens. Isso pode incluir realocar a tarefa para outra pessoa mais adequada ou ajustar os objetivos e prazos para que sejam mais realistas e alcançáveis. Em qualquer caso, é crucial manter uma atitude de apoio e colaboração, buscando soluções que beneficiem tanto o projeto quanto o desenvolvimento do delegado.

Quando não estiver satisfeito com o progresso de uma tarefa delegada, não assuma a tarefa você mesmo. Em vez disso, continue trabalhando com o delegado para assegurar que ele mantenha a responsabilidade, e busque a causa da insatisfação, seja falta de comunicação, formação, recursos ou compromisso. Ao abordar esses fatores de maneira construtiva, pode-se melhorar o progresso do projeto e fomentar um ambiente de trabalho positivo e produtivo.

Capítulo 9
Valorize e recompense o desempenho da pessoa.

Reconhecer e valorizar o esforço e as conquistas de um colaborador é essencial para manter sua motivação e compromisso. A valorização do desempenho não se trata apenas de oferecer recompensas tangíveis, mas também de proporcionar reconhecimento e apreciação pelo trabalho bem feito. Isso cria um ambiente de trabalho positivo e promove uma cultura de alto desempenho.

Avalie a conquista dos resultados desejados mais do que os métodos utilizados pela pessoa. É importante focar nos resultados alcançados em vez dos processos utilizados para atingi-los. Isso incentiva a criatividade e a inovação, permitindo que os colaboradores usem suas próprias habilidades e abordagens para cumprir os objetivos. Ao valorizar os resultados, dá-se aos empregados a liberdade de encontrar as melhores maneiras de fazer seu trabalho, o que pode levar a soluções mais eficientes e eficazes.

Técnicas para uma delegação eficaz

Direcione os sucessos de desempenho e recompense as insuficiências. É crucial reconhecer tanto os sucessos quanto as áreas que precisam de melhorias. Quando um colaborador atinge os resultados desejados, ele deve receber uma valorização adequada. Isso pode incluir elogios públicos, notas de agradecimento ou recompensas mais formais, como bônus ou aumentos salariais. O reconhecimento público pode ser particularmente poderoso, pois não só valoriza o indivíduo, mas também serve como inspiração para outros na equipe.

Para valorizar o desempenho de maneira eficaz, estabeleça critérios claros e objetivos para medir o sucesso. Esses critérios devem estar alinhados com os objetivos gerais da organização e ser comunicados claramente aos colaboradores desde o início. Isso garante que todos entendam o que se espera deles e como seu desempenho será avaliado. A transparência na avaliação também ajuda a evitar mal-entendidos e promove um senso de justiça e equidade.

Técnicas para uma delegação eficaz

Além de valorizar os sucessos, é importante abordar as áreas onde o desempenho foi insuficiente. Isso deve ser feito de maneira construtiva e com a intenção de ajudar o colaborador a melhorar. Ofereça feedback específico e útil sobre as áreas que precisam de desenvolvimento, e trabalhe com o colaborador para estabelecer um plano de ação para melhorar. Isso pode incluir treinamento adicional, mentoria ou ajustes nas responsabilidades do cargo.

As recompensas também desempenham um papel vital na valorização do desempenho. Recompensas tangíveis, como bônus, aumentos salariais ou dias de folga adicionais, podem ser muito eficazes para motivar os empregados. No entanto, as recompensas intangíveis, como reconhecimento verbal, oportunidades de desenvolvimento profissional e projetos desafiadores, também são extremamente valiosas. A chave é encontrar um equilíbrio entre recompensas tangíveis e intangíveis e garantir que estejam alinhadas com os valores e objetivos da organização.

Técnicas para uma delegação eficaz

Fomentar um ambiente de trabalho onde os êxitos sejam valorizados e recompensados cria uma cultura de reconhecimento e motivação. Os empregados que se sentem valorizados e recompensados por seu trabalho tendem a ser mais comprometidos, produtivos e leais à organização. Além disso, isso pode melhorar a moral da equipe e criar um ambiente de trabalho mais positivo e colaborativo.

Valorizar e recompensar o desempenho da pessoa implica avaliar a conquista dos resultados desejados mais do que os métodos utilizados, reconhecer os sucessos de desempenho e abordar as áreas insuficientes. Estabelecer critérios claros de avaliação, oferecer feedback construtivo e proporcionar recompensas adequadas são fundamentais para manter a motivação e o compromisso dos colaboradores, promovendo um ambiente de trabalho positivo e produtivo.

Epilogo

A delegação não é apenas uma habilidade técnica; é uma arte que requer compreensão, confiança e comunicação. Ao longo deste livro, exploramos diversas facetas e estratégias para delegar eficazmente, assegurando que tanto os líderes quanto suas equipes possam alcançar seu máximo potencial.

Delegar uma tarefa completa a uma pessoa não só transfere responsabilidade, mas também motiva e aumenta a confiança do delegado. Selecionar a pessoa adequada para a tarefa implica avaliar cuidadosamente suas habilidades e capacidades, garantindo que estejam bem equipadas para o desafio. Especificar claramente os resultados preferidos é fundamental para estabelecer expectativas claras e proporcionar um quadro dentro do qual o delegado possa operar com liberdade e criatividade.

Técnicas para uma delegação eficaz

A responsabilidade delegada deve estar acompanhada da autoridade necessária, permitindo que a pessoa complete a tarefa da maneira que melhor considere. Pedir ao delegado que resuma e descreva a tarefa e os resultados esperados assegura uma compreensão mútua e fortalece a comunicação. Manter um fluxo constante de informações não intrusivas sobre o progresso do projeto permite um acompanhamento eficaz sem microgestão, e manter abertas as linhas de comunicação é crucial para apoiar e guiar o delegado em seu caminho.

Quando o progresso não atende às expectativas, a solução não é assumir a tarefa pessoalmente, mas trabalhar com o delegado para identificar e resolver os problemas subjacentes, seja falta de comunicação, formação, recursos ou compromisso. Finalmente, valorizar e recompensar o desempenho, focando nos resultados mais do que nos métodos, é essencial para manter a motivação e o compromisso.

Técnicas para uma delegação eficaz

A arte de delegar é uma dança delicada entre conceder liberdade e proporcionar apoio. Requer confiança nas habilidades da equipe e uma comunicação clara e aberta. Ao dominar esta arte, os líderes não apenas liberam seu próprio tempo para focar em tarefas estratégicas, mas também empoderam seus colaboradores, promovendo um ambiente de crescimento e desenvolvimento contínuo.

A delegação eficaz é uma pedra angular da liderança bem-sucedida. Permite-nos construir equipes fortes, fomentar a inovação e garantir que nossa organização possa enfrentar qualquer desafio com confiança e resiliência. Ao finalizar este percurso pelo arte de delegar, espero que tenha adquirido novas perspectivas e ferramentas para implementar em sua própria liderança, criando assim um ambiente de trabalho onde todos possam prosperar e alcançar seu máximo potencial.

Em conclusão, delegar não é apenas uma técnica de gestão, mas uma filosofia de liderança que reconhece o valor e a capacidade de cada membro da equipe. Ao

Técnicas para uma delegação eficaz

adotar e aperfeiçoar as práticas de delegação, construímos organizações mais eficientes, inovadoras e coesas. À medida que avança em sua jornada de liderança, lembre-se de que a delegação eficaz não só beneficia os líderes, mas também empodera os colaboradores, criando um ciclo virtuoso de confiança, crescimento e sucesso compartilhado.

Sobre o Autor

Dionisio Melo construiu uma carreira distinta através de sua incessante busca por estratégias de vendas genuinamente eficazes para o exigente mercado latino-americano. Sua influência abrange diversas dimensões no campo das vendas, exercendo um impacto significativo em toda a região.

Não se limita apenas a ser um orador destacado em conferências de vendas e um guia especialista em treinamentos e coaching pessoal para vendedores; ele vai além ao compartilhar sua vasta experiência e inovadoras estratégias de vendas com um seleto grupo de clientes.

Além de seu papel destacado no âmbito corporativo, Dionisio Melo materializou seu profundo conhecimento em vários livros sobre vendas e gerenciamento de vendas. Essas publicações refletem seu compromisso com a excelência em vendas e sua habilidade para enfrentar os desafios específicos de diversos setores.

Técnicas para uma delegação eficaz

O impacto de Dionisio como especialista em vendas é inegável; suas ideias e conhecimentos estão presentes em empresas de praticamente todos os setores. Sua popularidade transcende fronteiras, alcançando uma audiência de mais de 50.000 pessoas através de boletins informativos em toda a América Latina. Além disso, seu influente blog tem sido amplamente compartilhado e republicado em diversos sites especializados em negócios e vendas.

Dionisio Melo continua desempenhando um papel crucial como conselheiro de empresas em constante crescimento, oferecendo um apoio inestimável para que essas companhias alcancem novos níveis de sucesso no competitivo mercado latino-americano. Sua dedicação e compromisso com a excelência em vendas, respaldados por suas valiosas publicações, consolidam sua posição como uma figura influente e respeitada na região.

www.ingramcontent.com/pod-product-compliance
Lightning Source LLC
Chambersburg PA
CBHW072003210526
45479CB00003B/1045